MW01268463

Shubert y su nuevo amigo

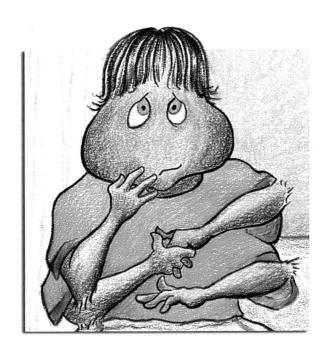

Dra. Becky A. Bailey

ilustrado por James Hrkach

Este libro está dedicado a la diversidad.

La diversidad es más que entender las diferencias. La diversidad es nuestra voluntad de ofrecer y expresar amor, de sanar en lugar de herir, de comunicarnos en vez de separarnos y de unirnos en lugar dividir.

También está dedicado a la cofundadora de Loving Guidance, Katie O'Neil. Katie acoge la diversidad al aceptar a todas las personas sin prejuicios ni juicios. En definitiva, nos enseña a todos que valorar la diversidad comienza con la aceptación de uno mismo.

Ninguna parte de este libro puede reproducirse o copiarse de ninguna forma sin el permiso por escrito del propietario de los derechos de autor. Ninguna parte de esta publicación puede ser reproducida o transmitida en cualquier forma o por cualquier medio, electrónico o mecánico, incluyendo fotocopias, grabaciones o sistemas de almacenamiento o recuperación de información, sin el permiso por escrito del editor.

La solicitud de permiso para hacer copias de cualquier parte de esta publicación debe enviarse a:

Loving Guidance, LLC
820 W Broadway
Oviedo, Florida 32765
407.366.0233

ISBN 13: 978-1-7373449-5-7

Copyright del texto © 2021 Becky A. Bailey
Copyright de las ilustraciones © 2021 Loving Guidance, LLC
Todos los derechos reservados. Publicado por Loving Guidance, LLC

Impreso en Estados Unidos

Conscious Discipline es un programa integral de transformación, está basado en investigación actual del cerebro, prácticas de apoyo a situaciones de trauma y resiliencia. Integra el aprendizaje socioemocional, la cultura escolar, y la disciplina. Conscious Discipline es un modelo de "adulto primero, niño después", diseñado para crear conciencia, cambiar la mentalidad, y desarrollar capacidades y habilidades fundamentales en los adultos primero. Los adultos pueden entonces utilizar las actividades diarias de manera natural para construir un currículum socioemocional y co-crear entornos escolares compasivos y equitativos con los niños.

Para obtener información sobre productos adicionales o talleres de la Dra. Bailey visite ConsciousDiscipline.com. Conscious Discipline, School Family y Safe Place son marcas registradas de Loving Guidance, LLC.

"¡Viva! ¡Viva!
Un nuevo amigo conoceremos
¡Viva! ¡Viva!
Y la bienvenida le daremos"
Shubert canta mientras crea un saludo especial de bienvenida para el nuevo alumno de la escuela.

Él practica el saludo con su hermana, Sophie, para que quede perfecto.

Toque de nudillos,

Martillo por arriba,

Martillo por abajo,

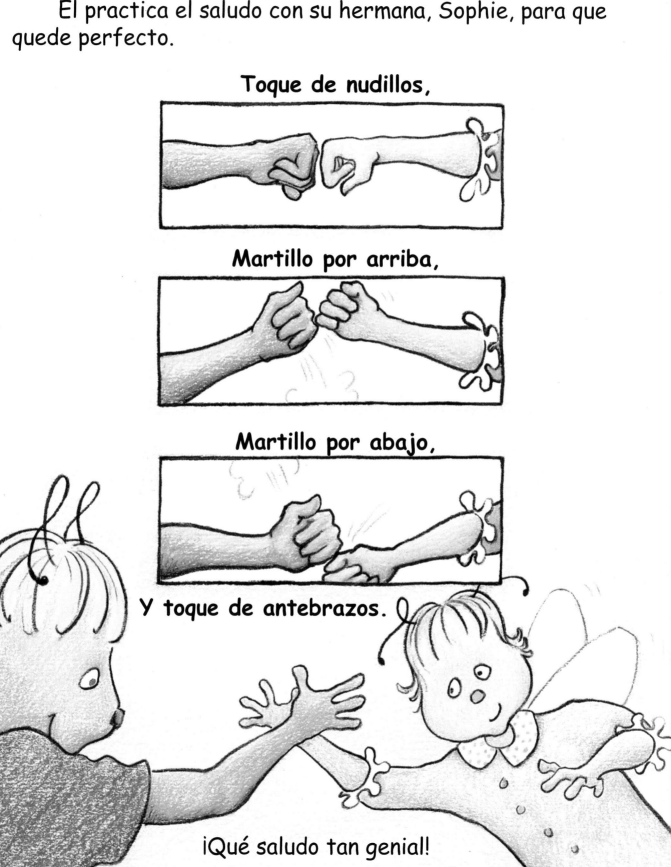

Y toque de antebrazos.

¡Qué saludo tan genial!

Mientras caminan a la escuela, Sophie emocionada, dice:
"¡Te apuesto que es una niña con antenitas que se enrollan,
muy inteligente y que vuela como yo!"

"Mmm," responde Shubert,
"¡Te apuesto que es un niño, que brilla de alegría,
muy veloz y que corre como yo!"

En la escuela, las hormigas trillizas escriben "Te damos la bienvenida" en la portada de un libro hecho por el grupo para dar la bienvenida al nuevo alumno.

Big Benny prepara la cámara para sacar una foto al nuevo compañero y ponerla en el mural de Amigos y Familia.

¡La clase espera con más emoción que una excursión al circo! Todos miran mientras la puerta del salón se abre.

La maestra Bookbinder anuncia, "Chicos, ¡demos la bienvenida a un nuevo miembro a nuestra Familia Escolar! Su nombre es Spencer." Las sonrisas se convierten en conmoción.

¡Piernas largas y peludas con grandes ojos azules, no es lo que ellos esperaban! Spencer, la araña, se ve diferente a todos los demás.

Sophie murmura, "Creo que no podrá volar, como yo."
Shubert cuchichea, "Tiene muchas piernas, no podrá correr tan rápido como yo."

Benny se burla, "¡Está tan feo que podría romper la cámara!"

Los chicos se ríen tan fuerte que las hormigas trillizas estallan a carcajadas.

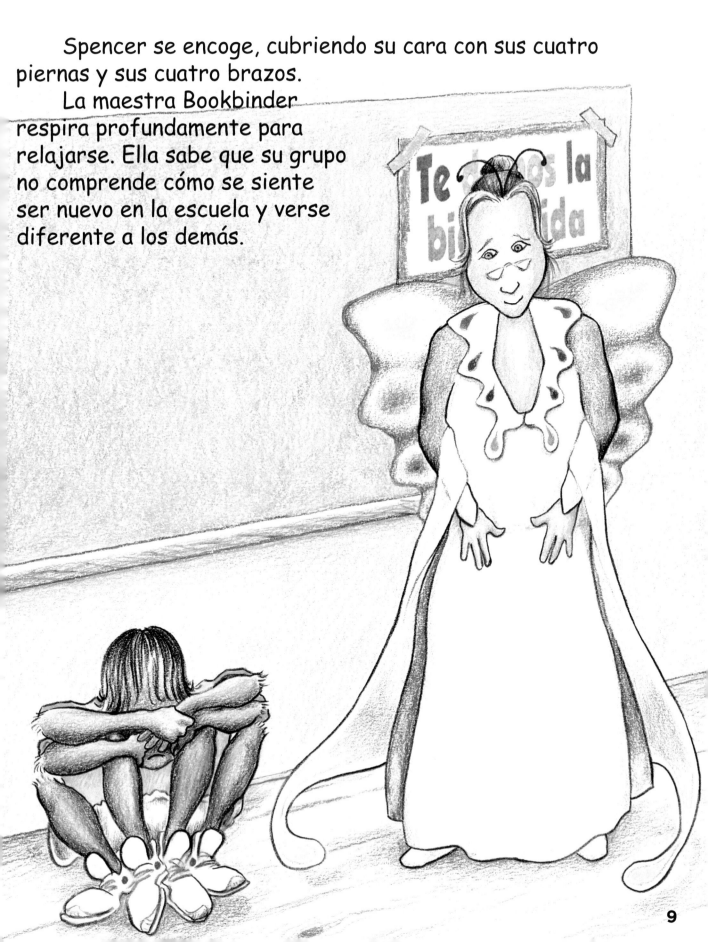

Spencer se encoge, cubriendo su cara con sus cuatro piernas y sus cuatro brazos.

La maestra Bookbinder respira profundamente para relajarse. Ella sabe que su grupo no comprende cómo se siente ser nuevo en la escuela y verse diferente a los demás.

"Spencer, te encogiste pequeñito, así," demuestra la maestra Bookbinder. "Tu cuerpo me dice que quieres esconderte del dolor."

Spencer no hace ni dice nada.

10

"Cubriste tu cara con tus brazos y piernas, así" continúa la maestra Bookbinder. "Dos de tus brazos cubren tus ojos, así."

Spencer se asoma para ver lo que está haciendo la maestra Bookbinder. Ella responde rápidamente: "¡Ahí estás! Te ves tan triste y asustado."

"Es difícil llegar a una nueva escuela. Tú esperabas que el grupo te diera la bienvenida en vez de burlarse de ti. No supiste qué hacer, así que te encogiste y escondiste."

Spencer asiente con tristeza. Al escuchar, Shubert y sus amigos se dan cuenta de que han cometido un error.

Etta frunce el ceño, arrugando los ojos y la boca. "¡Qué groseros somos!" dice arrepentida.

La maestra Bookbinder responde, "Algunas cosas hirientes ocurrieron esta mañana. Ustedes vieron a alguien que se veía diferente por fuera; y les costó trabajo comprender sus sentimientos por dentro."

La maestra Bookbinder se dirige a Spencer, "Spencer, ¿estás dispuesto a compartir con todos cómo te sentiste esta mañana?" Spencer mira nervioso a su alrededor.

"Tal vez ayude si le deseamos lo mejor," dice Shubert. Todos ponen sus manos sobre su corazón, respiran profundamente y le desean lo mejor a Spencer, con sinceridad.

"Yo cambio mucho de escuela y no tengo muchos amigos," comienza a decir Spencer con timidez. "La mayoría de los niños le tienen miedo a las arañas, y se burlan de mí. Estaba emocionado, y también asustado de conocerlos a todos."

"¡Chispas!" exclama Benny mientras se sienta junto a Spencer. "¡Ya entiendo! Yo esperaba que fueras grandote como yo, y nos burlamos de ti porque no lo eras. Todos estábamos emocionados de conocerte, pero cuando vimos a alguien diferente a nosotros, nos asustamos un poquito y nos burlamos de ti. No consideramos cómo te sentirías."

"Ah," dice la maestra Bookbinder, mientras pone sus brazos frente a ella y comienza a rodarlos hacia atrás. "Hagan esto conmigo." Todos lo hacen, incluyendo a Spencer, quien tiene muchos brazos en movimiento.

En seguida, ella empieza a cantar:

"Cuando te encuentres en una interacción hiriente, puedes regresar el tiempo e intentarlo nuevamente para convertirlo en una celebración consciente."

Ella pregunta al grupo: "¿Están dispuestos a regresar el tiempo e intentarlo de nuevo, de una manera que ayude en vez de que lastime?"

El grupo responde con alegría: "¡Sí, sí! ¡Podemos hacerlo!"

Ella se dirige a Spencer, "Fue una mañana difícil para ti. Te sentiste herido. El grupo quisiera darte la bienvenida de una manera amable. ¿Estás dispuesto a regresar el tiempo e intentarlo de nuevo?

Hay silencio en el salón mientras el grupo espera la respuesta de Spencer.

Spencer dice, "Sí," y toda la Familia Escolar estalla en aplausos y celebración.

La maestra Bookbinder lleva a Spencer fuera del salón, mientras Benny, Crenshaw, Lucinda, las hormigas trillizas, Sophie y Shubert forman un círculo para planear su mañana nuevamente. "Pspspspspsps," susurran.

La maestra Bookbinder abre la puerta y dice, "Chicos, demos la bienvenida a un nuevo miembro a nuestra Familia Escolar. Se llama Spencer. Shubert, enseña a Spencer el saludo de bienvenida que creaste."

"Hicimos un cambio," explica Shubert. "¡Decidimos que nuestro nuevo amigo tendría un gigantesco saludo de bienvenida a nuestra Familia Escolar!"

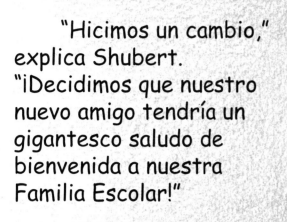

① es un toque de rodillas con Crenshaw.

② es un toque de deditos de los pies con las hormigas trillizas.

③ es un toquecito de cabeza con Etta.

④ es un toque de codos con Lucinda.

⑤ es un choque de puños con Big Benny.

⑥ es un abrazo de meñique

con Sophie.

⑦ es un chócalas con Shubert

⑧ es la maestra Bookbinder tomando la mano de Spencer con alegría en su corazón.

"Esta sí que es una buena foto para nuestro mural de Amigos y Familia," dice Big Benny radiante. Con eso, Shubert empieza a cantar.

"¡Viva! ¡Viva! Un nuevo amigo conocimos
¡Viva! ¡Viva! Y la bienvenida le dimos.
¡Viva! ¡Viva! Aprendimos a estar atentos
¡Viva! ¡Viva! Porque tú también tienes sentimientos."

Destellos de sabiduría de la maestra Bookbinder

La maestra Bookbinder muestra a los adultos maneras de ayudar a los niños a desarrollar el carácter a través del conflicto.

1) **La maestra Bookbinder prepara al grupo para recibir a Spencer** organizando rituales de nuevo alumno como el saludo especial, el libro de bienvenida y la foto para el mural de Amigos y Familia.

2) **La maestra Bookbinder mantiene la calma para poder atribuir intención positiva** al grupo cuando reaccionan de manera descortés ante las diferencias de Spencer. Se dice a sí misma: "Ellos no entienden..." en vez de pensar: "¿Cómo se atreven a actuar así?" Esto le permite responder en vez de reaccionar.

3) **La maestra Bookbinder se dirige a la víctima primero (Spencer) y le ofrece empatía.** Al hacerlo, valida los sentimientos de Spencer y simultáneamente enseña al grupo el impacto de sus acciones en los demás.

4) **La maestra Bookbinder observa que Spencer se encoge en estado de supervivencia y ofrece empatía** al notar: "Cubriste tu cara con tus brazos y piernas, así. Dos de tus brazos cubren tus ojos, así." Esto provee un reflejo para Spencer que lo motiva a hacer contacto visual, los reconecta y dirige la atención del grupo al estado interno de Spencer.

5) **La maestra Bookbinder responde con rapidez al hacer contacto visual diciendo: "¡Ahí estás!"** Esto genera una conexión entre la maestra Bookbinder y Spencer, promoviendo la disposición para cooperar y dejarse guiar.

6) Continuando la conexión, **la maestra Bookbinder ayuda a Spencer a nombrar su estado emocional diciendo:** "Te ves tan triste y asustado." Esto le crea conciencia sobre lo que su cuerpo experimentó.

7) **La maestra Bookbinder agrega lenguaje verbal al estado emocional, diciéndole:** "Es difícil..." y "Tú esperabas..." Seguido de intención positiva, "No supiste qué hacer..."

8) **La maestra Bookbinder replantea el juicio negativo de Etta** ("¡Qué groseros somos!") convirtiéndolo en información útil ("Algunas cosas hirientes ocurrieron esta mañana...") para crear el momento de aprendizaje para el grupo.

9) **La maestra Bookbinder solicita la disposición** de Spencer ("¿Estás dispuesto...?"), en vez de sus preferencias ("¿Te gustaría...?"). Esto facilita que él elija superar su miedo.

10) **La maestra Bookbinder aprovecha el conflicto como una oportunidad de aprendizaje al regresar el tiempo e involucrar a todos a aprender una nueva manera para ser de ayuda.** Se enfoca en aquello de lo que quiere más y en las expectativas que tiene de sus alumnos. Ella usa consecuencias naturales, la herramienta más poderosa para el aprendizaje.

Shubert y su nuevo amigo es parte de la serie de libros de Shubert dediseñada para desarrollar el carácter a través del conflicto. Para adquirir otros libros de Shubert y conocer más sobre la propuesta de la Dra. Becky Bailey y el enfoque de Conscious Discipline® para el manejo del salón de clases y la crianza visite ConsciousDiscipline.com

---